© Luís Pimentel, Januária Cristina Alves (coordenação), 2015

COORDENAÇÃO EDITORIAL: Lisabeth Bansi
ASSISTÊNCIA EDITORIAL: Patrícia Capano Sanchez
PREPARAÇÃO DE TEXTO: Ana Catarina Nogueira
COORDENAÇÃO DE EDIÇÃO DE ARTE: Camila Fiorenza
PROJETO GRÁFICO: Camila Fiorenza, Caio Cardoso
DIAGRAMAÇÃO: Caio Cardoso
ILUSTRAÇÕES: Caio Cardoso, Diogo César
PESQUISA ICONOGRÁFICA: Rosa André, Tatiana Lubarino, Mário Coelho
COORDENAÇÃO DE REVISÃO: Elaine Cristina del Nero
REVISÃO: Andrea Ortiz, Nair H. Kayo
COORDENAÇÃO DE BUREAU: Américo Jesus
TRATAMENTO DE IMAGENS: Marina M. Buzzinaro, Arleth Rodrigues, Bureau São Paulo, Wagner Santos Lima
PRÉ-IMPRESSÃO: Fabio N. Precendo
COORDENAÇÃO DE PRODUÇÃO INDUSTRIAL: Wilson Aparecido Troque
IMPRESSÃO E ACABAMENTO: Gráfica Elyon
LOTE: 751375

Dados Internacionais de Catalogação na Publicação (CIP)
(Câmara Brasileira do Livro, SP, Brasil)

Pimentel, Luís
    As muitas notas da música brasileira : nossas canções e o jeito brasileiro de ser / Luís Pimentel; Januária Cristina Alves, coordenação. – São Paulo : Moderna, 2015. – (Coleção informação e diálogo)
ISBN 978-85-16-10121-3
    1. Música - Brasil - História 2. Música brasileira I. Alves, Januária Cristina. II. Título. III. Série.
15-03168   CDD-780.981

Índice para catálogo sistemático:
1. Brasil : Música : História 780.981

REPRODUÇÃO PROIBIDA. ART. 184 DO CÓDIGO PENAL E LEI Nº 9.610, DE 19 DE FEVEREIRO DE 1998.

Todos os direitos reservados
EDITORA MODERNA LTDA.
Rua Padre Adelino, 758 – Belenzinho
São Paulo – SP – Brasil – CEP 03303-904
Vendas e Atendimento: Tel. (11) 2790-1300
www.modernaliteratura.com.br
2022
Impresso no Brasil

Créditos das letras
Página 15:
Meu rádio e meu mulato: © 1938 by MANGIONE, FILHOS & CIA LTDA. Todos os direitos autorais reservados para todos os países do mundo.
Página 20:
Agoniza, mas não morre: © 1978 by EDITORA MUSICAL RED LIPS. Todos os direitos autorais reservados para todos os países do mundo.
Página 21:
Samba da minha terra: © 1940 by MANGIONE, FILHOS & CIA LTDA. Todos os direitos autorais reservados para todos os países do mundo.
Página 25:
Heróis da liberdade: © 1969 by IRMÃOS VITALE S/A IND. E COMÉRCIO. Todos os direitos autorais reservados para todos os países. ALL RIGHTS RESERVED. INTERNATIONAL COPYRIGHT SECURED.
Página 43:
Asa Branca: © by Fermata do Brasil/Rio Musical Ltda.
Página 54:
É papo firme: © By Cap Music.
Página 65:
Alegria, alegria: © 1967 by MUSICLAVE EDITORA MUSICAL LTDA. Rua Lisboa, 74 - São Paulo - Brasil. Todos os direitos reservados.
Lindoneia: © Gege Edições (Brasil e América do Sul)/ Preta Music (resto do mundo)/© 1968 by Musiclave Editora Musical Ltda. - Rua Lisboa, 74 - São Paulo - Brasil. Todos os direitos reservados.
Página 73:
Rap da felicidade: © 1995 LINK RECORDS PRODUÇÕES E ENTRETENIMENTO LTDA., adm. por NOWA PRODUÇÕES ARTÍSTICAS LTDA.
Página 76:
Chegou a bonitona: © Chegou a Bonitona (Geraldo Pereira / José Batista) – Ed. Copacor (Addaf)
Página 81:
O ronco da cuíca: © by UNIVERSAL MUS PUB MGB BRASIL LTDA.

Luís Pimentel

Jornalista e escritor. Trabalhou em diversas redações de jornais e revistas e tem muitos livros publicados, entre contos, poesias, textos de humor, ficção infantojuvenil e paradidáticos. Na editora Moderna escreveu, entre outros, os perfis de Luiz Gonzaga e de Ary Barroso para a coleção Mestres da Música no Brasil.

Januária Cristina Alves
COORDENAÇÃO

Jornalista, mestre em Comunicação Social pela Escola de Comunicação e Artes da Universidade de São Paulo (USP), infoeducadora e autora de mais de 40 livros para crianças e jovens.

As muitas notas da música brasileira
Nossas canções e o jeito brasileiro de ser

1ª edição
São Paulo, 2015

Sumário

Apresentação — 6

O que a alma anseia e o coração sente — 8
Dó, ré, mi, fá, sol, lá, si — 10
É lei! — 11
Música nas escolas — 11
Uma bela sucessão de sons — 12
Cá entre nós — 13
Os professores informais — 13
Rádio, um veículo quase centenário — 14
Logo ponho o rádio pra tocar... — 15

No princípio, a erudição — 16
O primeirão! — 18

Desde que o samba é samba — 20
Do imaginário dos sambistas ao dia a dia dos brasileiros — 21
Para todos os instrumentos — 22
O primeiro samba e os grandes sambistas — 23
Um estilo bem variado — 23
Samba-enredo e partido-alto — 24
Roda do samba — 26

Um chorinho brasileiro — 28
Um ritmo urbano e bem brasileirinho — 30
Choro não vem de chororô... — 31
Pau de ébano e cordas de aço — 31
Roda de choro — 32

A bossa é nova e nossa — 34
Garota do Brasil — 36
O Tom de todos os tons — 37
Os finos da bossa — 38

Baião-Brasil — 40
Ritmo que caiu no gosto popular — 42
Ave, Seu Luiz — 43
Outros nomes importantes para o baião e para a música brasileira — 44

É dia de rock! — 46
Os primeiros músicos, as primeiras versões — 49
Outros nomes — 50

É uma brasa, mora! — 54
A turma da Jovem Guarda — 55
Outros nomes importantes para a Jovem Guarda — 58

O Tropicalismo — 62
Promessa de modernidade — 65
Fatia revolucionária — 65
A música de protesto — 66
"Vai passar" e passou mesmo — 67
Outros nomes importantes do Tropicalismo — 68

Funk, rap ou hip-hop? — 70
Em movimento, algumas estrelas dos movimentos — 72
A marca, a força e o traço nas paredes — 73
Em busca da felicidade — 73

Entre músicos especiais e instrumentos imprescindíveis — 74
Temos flauta, cavaquinho e violão — 76
Alguns instrumentos musicais — 79

Último acorde — 83

Para saber mais — 84

Referências bibliográficas — 85

Glossário — 87

Apresentação

Farol, força, febre e encantamento, a nossa amada música apresenta o Brasil mundo afora com a desenvoltura e o brilho de atrações que sempre nos representaram no exterior, como o futebol. Em alguns países da Europa, por exemplo, sabemos que nomes como Tom Jobim, Chico Buarque ou Caetano Veloso são tão celebrados quanto Pelé, Ronaldo ou Neymar.

Música, música, trilha sonora dos dias e de nossas vidas. Sons com os quais nos acostumamos desde meninos, na voz dos avós ou dos pais, na escola, no recreio, nos primeiros passos no ritmo da vida. Assim fomos introduzidos, aos poucos, ao bolero, às serestas, às modinhas, às marchinhas, ao samba, ao choro, à bossa nova, ao baião, à canção de protesto, ao tropicalismo, ao *rock*, ao *funk*...

Este livro nos dá algumas informações e muitas pistas para a gente pensar, entender, descobrir e, sobretudo, curtir a nossa música, imprescindível música – a mais perfeita tradução da engenhosidade e da arte brasileiras.

Além de pistas, aqui damos também sugestões de leituras e de nomes para pesquisas. Mas reconhecemos que parte do caminho deverá ser descoberta pelo leitor, pois é impossível falar de todos os que fizeram e fazem a nossa música, que é tão ampla e infinita. Vamos juntos?

O que a alma anseia e o coração sente

A música, com suas notas, tem a capacidade de falar sem exigir respostas. De falar sem palavras (como é o caso das canções sem letra), mas de ser sempre ouvida e entendida. Fala da nossa cultura, de quem somos, do que nossa alma anseia e o coração sente.

A música é o retrato do povo que a compõe e canta e revela muito sobre as raízes de uma nação. A música brasileira é para ser ouvida, curtida, sentida (é um canal vigoroso na transmissão de sensações, sentimentos e conhecimentos), compreendida e – por que não? – também estudada.

Vamos, então, saber mais sobre ela.

Todo dia é dia da música

15 DE JANEIRO DIA DO COMPOSITOR

9 DE FEVEREIRO DIA DO FREVO

23 DE ABRIL DIA NACIONAL DO CHORO

21 DE JUNHO DIA INTERNACIONAL DA MÚSICA

11 DE JULHO DIA DO MESTRE DA BANDA

22 DE NOVEMBRO DIA DA MÚSICA

2 DE DEZEMBRO DIA NACIONAL DO SAMBA

E todo dia pode ser dia de cantoria!

Dó, ré, mi, fá, sol, lá, si

São apenas sete as notas musicais básicas: dó, ré, mi, fá, sol, lá, si. Mas, com elas, os compositores são capazes de fazer combinações inimagináveis e surpreendentes na busca da harmonia mais inspirada e da melodia mais completa.

Dependendo da posição em que estiverem escritas na pauta musical, as notas indicarão se os sons serão mais graves ou mais agudos. Uma vez agrupadas, elas formam o conjunto denominado "escala", que pode ser ascendente ou descendente. A escala de sol, por exemplo, envolve as seguintes notas ascendentes: sol, lá, si, dó, ré, mi, fá, sol. E estas notas descendentes: sol, fá, mi, ré, dó, si, lá, sol.

Cada uma tem a sua característica. Mas quando elas se juntam promovem uma festa para os ouvidos da gente.

Música nas escolas

É lei!

A nossa música já está, desde 2008, nas salas de aula. Naquele ano foi aprovada a Lei nº 11.769, que torna obrigatória a presença dos cantos, dos ritmos, dos sons e do conhecimento sobre cantores, compositores e instrumentos musicais nas escolas, na grade curricular dos ensinos Fundamental e Médio.

Considerado um dos maiores nomes da música erudita brasileira, reconhecido tanto aqui quanto no exterior, o maestro Heitor Villa-Lobos (1887-1959) desenvolveu, na década de 1930, um projeto de educação musical nas escolas que se pautava pelo ensino da música e do canto nas escolas públicas (modelo depois usado também no currículo das escolas particulares).

Essa foi uma grande paixão do maestro, que passou anos insistindo junto aos governos, até conseguir implantar esse projeto.

Uma bela sucessão de sons

A música é uma "mania" do homem. Por ela nos apaixonamos e nos deixamos encantar. As notas musicais, quando bem harmonizadas, ajudam as pessoas a relaxar, a se agrupar, a educar os ouvidos. Portanto, a viver melhor.

A palavra "música" vem do grego (μουσική τέχνη – *musiké téchne*, a arte das musas). Trata-se de uma sucessão de sons (e também de silêncios), perfilados para se casarem em nome da beleza.

A MUSA, A MÚSICA E O AMOR MITOLÓGICO

Na música, são inúmeras as musas inspiradoras: a garota que flanava por Ipanema, a Dora que era rainha do frevo e do maracatu, a Amélia que sabia amar e trabalhar... Mas a figura feminina da mitologia grega, a musa (não por acaso, "música"), encantou e inspirou artistas e cientistas. Daí, a palavra passou a denominar, também, a mulher amada, "aquela que traz a inspiração".

Estátuas de Terpsícore (à esquerda), e Euterpe (à direita), musas da dança e da música, respectivamente.

Cá entre nós

No Brasil, há registros que comprovam a identificação do povo brasileiro com a música desde os primeiros anos de seu "descobrimento". Provavelmente porque, desde então, nossos primeiros habitantes já tiravam sons das pedras, dos troncos das árvores ou até mesmo das correntezas dos rios.

Os professores informais

Ainda no século do nosso descobrimento, o padre José de Anchieta (jesuíta espanhol que mais tarde ajudou a fundar a cidade de São Paulo) usava a música e a poesia para catequizar os índios. Jesuítas e franciscanos traziam para cá fortes noções de ritmo e de melodia e atuavam como professores informais, dirigindo grupos musicais improvisados, escrevendo as notas musicais e ensinando as noções básicas dos poucos instrumentos existentes na época.

TODOS OS SONS, PARA TODOS OS GOSTOS

A música é para todos os momentos. É usada nas festas ou nos funerais, no Carnaval ou nos cultos religiosos, nas salas de aula e de terapia ou até nos quartéis (por meio dos hinos militares).

É mágico imaginar que com algumas notas os criadores geram tanta beleza, tanta harmonia, tanto encantamento. Com o tempo, nasceram os ritmos, as origens musicais, as influências. Até o mundo se transformar em uma caixa sonora de onde ecoa, em todo o universo e nas mais diversas línguas, o poder admirável dos sons.

Viva a música! E viva quem a aprecia.

As muitas notas da música brasileira | O que a alma anseia e o coração sente

Rádio, um veículo quase centenário

O rádio é uma paixão nacional. Em suas ondas viajamos pelos noticiários, pelo futebol e, especialmente, pela música. Muita música. Esse verdadeiro amigo do povo caminha para o primeiro século de existência (a primeira transmissão radiofônica oficial no Brasil aconteceu em 1922, em comemoração ao Centenário da Independência). Uma pequena estação de transmissão foi instalada no morro do Corcovado, no Rio de Janeiro, dando início a um percurso de muitas glórias.

A ERA DO RÁDIO

Entre os anos 1930 e 1950, o Brasil e a música brasileira viveram efervescência radiofônica jamais repetida em sua história. Nesse período, graças aos inúmeros programas de auditório e ao prestígio que o rádio gozava junto ao "distinto público" (especialmente porque ainda não existia a televisão), foram revelados grandes cantores, compositores, maestros, arranjadores e apresentadores. Graças à era do rádio (que também deu nome, no final dos anos 1980, a um filme do cineasta norte-americano Woody Allen), foram firmadas as carreiras de nomes como Carmem Miranda, Francisco Alves, Assis Valente, Dorival Caymmi, Dolores Duran, Nora Ney, Carmélia Alves e tantos outros.

Logo ponho o rádio pra tocar...

"Naquela época [década de 1930] o rádio era uma raridade. No morro, então, um acontecimento. Quem tinha um aparelho botava a maior banca." (Depoimento do cantor e compositor Herivelto Martins para o livro *Uma escola de samba*, de Jonas Vieira e Natalício Norberto.)

Herivelto compôs, exatamente nessa época, um samba sobre o tema que foi sucesso na voz de Carmem Miranda: "Meu rádio e meu mulato", regravado em 2004 por Marcos Sacramento. Eis um trechinho dele:

"Comprei um rádio muito bom a prestação

Levei-o para o morro e instalei-o no meu próprio barracão

E toda tardinha, quando eu chego pra jantar

Logo ponho o rádio pra tocar..."

TODAS AS CORES, TODOS OS SONS

No rádio ou na televisão, é bacana a gente observar o quanto a música brasileira é variada, ampla, branca, negra, mestiça, pois aqui, felizmente, se ouve de tudo. E também se canta e se compõe de tudo – da polca ao maxixe, do frevo ao *rock*, do baião ao lundu, o samba e o choro, o bolero e o sertanejo, os ritmos do mundo inteiro e que aqui são tão bem recebidos.

No princípio, a erudição

Os primeiros músicos que surgiram no país são considerados, hoje, clássicos ou eruditos. No começo do século 18 a música já se espalhava pelo país. As salas de concerto estavam presentes em muitas cidades brasileiras, e os salões refinados onde a música se instalava começavam a conhecer nomes como Luis Álvares Pinto, padre Caetano de Mello Jesus (que era teórico da música e também compositor) e Antônio José da Silva, o Judeu.

Alguns músicos, especialmente Chiquinha Gonzaga e Heitor Villa-Lobos, tiveram ampla aceitação popular, o que deu, em certa medida, o tom para a aproximação entre o clássico e o popular em nosso cancioneiro.

17

O primeirão!

O despertar da musicalidade eminentemente brasileira, por assim dizer, vem a se firmar a partir do grande artista Heitor Villas-Lobos (1887-1959). Inovador, usou a formação de músico estudioso e erudito para desenvolver temas populares nas composições, criando uma obra de forte apelo nacionalista e, ao mesmo tempo, merecedora de muito respeito e admiração também no exterior.

CHIQUINHA: DO ERUDITO AO POPULAR, À FRENTE DE SEU TEMPO

A compositora, regente e pianista Chiquinha Gonzaga (Francisca Hedwiges de Lima Neves Gonzaga, 1847-1935), é vista como uma das fundadoras da música popular brasileira. Começou a estudar piano muito jovem, compôs polcas, maxixes e marchinhas carnavalescas como a popular "Abre alas", regeu orquestras, criou conjuntos musicais, viajou pelo mundo e foi considerada uma mulher à frente de seu tempo.

VIVA O GUARANI!

Uma data marcante para a música brasileira é 19 de março. Nesse dia, em 1870, as artes brasileiras marcaram um de seus primeiros pontos no continente europeu. Foi quando estreou, na mais tradicional casa de espetáculos da Europa, o Teatro Scala, em Milão, a ópera brasileira *O Guarani*, de Carlos Gomes, baseada no romance de José de Alencar.

Desde que o samba é samba

"Samba,
Agoniza mas não morre,
Alguém sempre te socorre,
Antes do suspiro derradeiro."

("Agoniza mas não morre",
de Nelson Sargento.)

Do imaginário dos sambistas ao dia a dia dos brasileiros

Como lembrou um dia o nosso genial compositor baiano Dorival Caymmi, "O samba da minha terra deixa a gente mole/Quando se canta todo mundo bole".

O samba é um filho legítimo da mistura de estilos musicais resultante de influências africana e brasileira.

Para todos os instrumentos

O samba é tocado com instrumentos de percussão (tambores, surdos, pandeiros, tantãs, timbaus etc.). Meninos brasileiros sem dinheiro para comprar instrumentos, de norte a sul do país, sabem muito bem o que é uma batucada de latas, usando latas de óleo, de azeite ou de querosene como instrumentos musicais, que são acompanhados por violão e cavaquinho. Geralmente as letras dos sambas contam a vida e o cotidiano de quem mora nas cidades, nos morros ou no asfalto, com destaque para as populações pobres.

O termo "samba" é de origem africana e seu significado está ligado às danças tribais típicas do continente. Suas raízes foram fincadas em solo brasileiro na época do Brasil Colônia, com a chegada por aqui da mão de obra escravizada.

© DIOGO CÉSAR

O primeiro samba e os grandes sambistas

O primeiro samba de que se tem notícia e registro foi gravado no Brasil em 1917: "Pelo telefone", assinado pelos compositores Donga e Mauro de Almeida e interpretado pelo cantor Baiano.

Tempos depois, o samba já tomava as ruas e se espalhava pelos carnavais do Brasil. Na década de 1930, as estações de rádio, em plena difusão pelo Brasil, passam a tocar os sambas para os lares. A partir desses anos, foram revelados grandes compositores em nossa música brasileira, que ajudaram a difundir o gênero e a conquistar admiração e simpatia.

Um estilo bem variado

Existem tipos variados de samba. Os mais conhecidos e que fazem mais sucesso são os da Bahia (onde se destaca o "samba de roda"), do Rio de Janeiro e de São Paulo.

O samba baiano é influenciado pelo lundu, com letras simples, balanço rápido e ritmo repetitivo. No Rio de Janeiro, o samba, influenciado pelo maxixe, está ligado inicialmente à vida dos escravos, dos negros libertos, e depois à vida nos morros ou a algumas aventuras no asfalto.

As letras falam da vida urbana, dos trabalhadores e das dificuldades que todos nós, brasileiros, enfrentamos, de uma forma amena e muitas vezes com humor. Entre os paulistas, o samba ganha uma conotação de mistura de raças. Com influência italiana, as agruras e o sotaque dos bairros de trabalhadores ganham espaço no estilo do samba de São Paulo, no qual se destacaram criadores como Adoniran Barbosa, Geraldo Filme e Germano Matias.

Samba-enredo e partido-alto

No Rio, os admiradores do samba curtem muito um gênero que é bem carioca, chamado de samba-enredo. O tema está ligado ao assunto que a escola de samba escolhe para o desfile de Carnaval de cada ano, geralmente uma questão histórica, social ou cultural. O verdadeiro samba-enredo conta uma história por meio da beleza da melodia e dos versos.

A história do Carnaval brasileiro registra muitos sambas-enredos importantes. Procure conhecer alguns deles.

Já o partido-alto é um tipo de samba que se baseia principalmente na improvisação. "Partideiros" (aqueles que fazem, cantam ou "tiram" o partido) se juntam para criar, improvisar e versejar com base em um tema e em um refrão que se repete. As letras falam, quase sempre, da realidade dos morros e das regiões mais carentes das grandes cidades.

Chico Buarque de Hollanda, um de nossos maiores compositores, usou o termo partido-alto como título de uma música. Confira em: <https://www.youtube.com/watch?v=zAvsuQHFnQQ>. Acesso em: 10 ago. 2015.

Um exemplo de samba-enredo que marcou época na história dos carnavais:

> Passava noite, vinha dia
> O sangue do negro corria
> Dia a dia
> De lamento em lamento
> De agonia em agonia
> Ele pedia o fim da tirania
> Lá em Vila Rica
> Junto ao largo da Bica
> Local da opressão
> A fiel maçonaria, com sabedoria
> Deu sua decisão
> Com flores e alegria
> Veio a abolição
> A Independência
> Laureando o seu brasão
> Ao longe soldados e tambores
> Alunos e professores
> Acompanhados de clarim
> Cantavam assim
> Já raiou a liberdade
> A liberdade já raiou
> Essa brisa que a juventude afaga
> Essa chama
> Que o ódio não apaga pelo universo
> É a evolução em sua legítima razão
> Samba, ó samba
> Tem a sua primazia
> Em gozar de felicidade
> Samba, meu samba
> Presta esta homenagem
> Aos heróis da liberdade
> Ô, ô, ô, ô
> Liberdade senhor!

("Heróis da liberdade", de Silas de Oliveira, Mano Décio da Viola e Manoel Ferreira. Samba-enredo da escola de samba Império Serrano, 1971.)

Roda do samba

ADONIRAN BARBOSA

Grande nome do samba brasileiro, especialmente do paulistano, o compositor cujo nome verdadeiro era João Rubinato (1910-1982) criou verdadeiros hinos para a cidade, como "Trem das onze", e para os errantes urbanos, como "Saudosa maloca". Entre outras obras-primas deixou também "Tiro ao Álvaro" e "Samba do Arnesto".

CANDEIA

CARTOLA

Angenor de Oliveira (1908--1980), o Cartola, foi um dos mais inspirados compositores da música brasileira, especialmente do samba. Melodista refinado e letrista profundo, foi um criador completo, que produziu composições para gravações próprias ou para o repertório de grandes intérpretes, como Paulinho da Viola e Beth Carvalho.

26

PAULINHO DA VIOLA

Cantor, compositor e violonista, Paulo César Batista de Faria, mais conhecido como Paulinho da Viola, nasceu no Rio de Janeiro em 12 de novembro de 1942. É filho do violonista César Faria, do conjunto de choro Época de Ouro.

No início de carreira, Paulinho foi parceiro de nomes ilustres do samba carioca, como Cartola, Elton Medeiros e Candeia, entre outros. Destaca-se como cantor e compositor de sambas, mas também compõe choros e é tido como um dos mais talentosos representantes da música popular brasileira. Entre suas composições mais conhecidas estão "Foi um rio que passou em minha vida", "Argumento" e "Pecado capital".

Noel de Medeiros Rosa nasceu em 1910 e faleceu em 1937. Viveu pouco, mas criou muito. Deixou uma obra valiosíssima, recheada de momentos marcantes da MPB, como "Último desejo", "Gago apaixonado", "Com que roupa?", "Feitio de oração", e tantos outros.

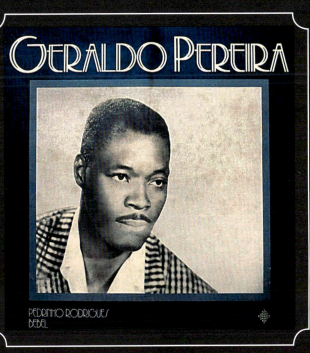

As muitas notas da música brasileira | Desde que o samba é samba

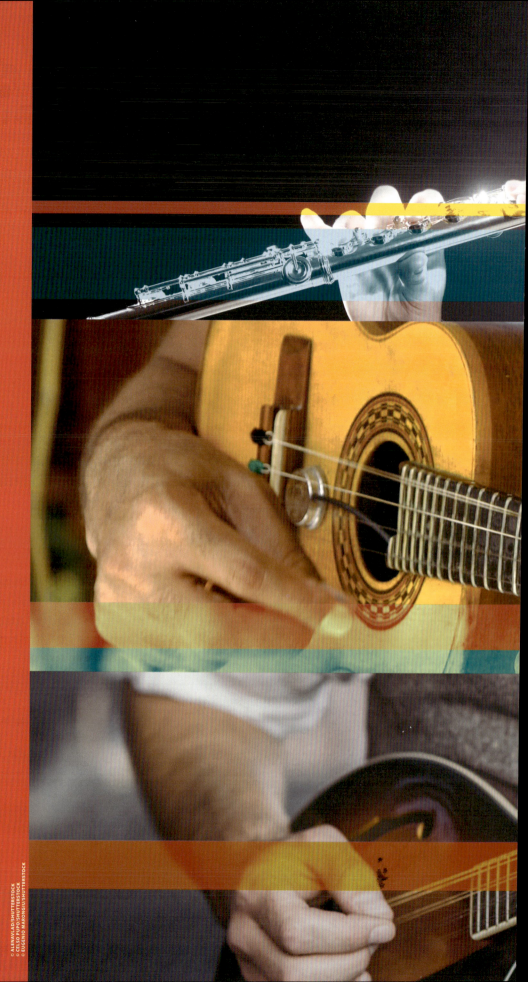

Um chorinho brasileiro

"Só o que resiste ao tempo, evoluindo, pode ter uma concepção duradoura e ao mesmo tempo moderna. Assim é o choro."

(Sérgio Prata, músico e compositor, fundador do grupo Sarau e diretor do Instituto Jacob do Bandolim.)

O choro, ou chorinho, nasceu da mistura de elementos das danças de salão europeias (como o *schottisch*, a valsa, o minueto e, especialmente, a polca) e da música popular portuguesa, com influências da música africana. De início, era apenas uma maneira mais emotiva, "chorosa", de interpretar uma melodia, cujos praticantes eram chamados de "chorões".

Um ritmo urbano e bem brasileirinho

Como gênero musical, o choro só tomou forma na primeira década do século 20. Mas sua história começa em meados do século 19, época em que as danças de salão passaram a ser importadas da Europa e precisava-se do imprescindível fundo musical. O estimado chorinho pode ser considerado, hoje, o primeiro ritmo de música urbana tipicamente brasileiro.

OS PIONEIROS

Organizados nas rodas musicais que aconteciam em bairros do centro do Rio de Janeiro, como a Cidade Nova e o Largo do Estácio, os conjuntos de choro começaram a surgir pela cidade por volta de 1880. Os grupos pioneiros eram formados também por músicos – muitos deles funcionários da Alfândega, dos Correios e Telégrafos, da Estrada de Ferro Central do Brasil –, que se reuniam nos subúrbios cariocas.

Choro não vem de chororô...

O nome choro, acreditam alguns pesquisadores, vem do caráter plangente e choroso da música que esses pequenos conjuntos faziam. A composição instrumental dos primeiros grupos de chorões girava em torno de um trio formado por flauta (instrumento que fazia os solos) e violão (que fazia o acompanhamento como se fosse um contrabaixo). Completava o trio de instrumentos o cavaquinho (responsável pelo acompanhamento mais harmônico, com acordes e variações).

Pau de ébano e cordas de aço

A música que fornecia o ganha-pão dos chorões também era conhecida, nos primórdios, como pau e corda – simplesmente porque as flautas usadas naquele tempo eram feitas de ébano, madeira escura, pesada e muito resistente, e funcionavam nos grupos musicais ou regionais fazendo contraponto com os instrumentos de cordas, como o violão e o cavaquinho.

O choro foi o recurso que o músico popular utilizou para tocar, do seu jeito, a música importada, que era consumida, a partir da metade do século 19 (o *folk*, a polca, a valsa etc.), nos salões e bailes da alta sociedade nas principais capitais do país.

Roda de choro

Jacob Pick Bittencourt (1918--1969) começou a tocar o seu instrumento muito jovem, participou de conjuntos regionais importantes (o mais famoso foi o Época de Ouro) e se destacou também como compositor, deixando inúmeros choros antológicos.

DINO SETE CORDAS

Admirado por mestres do violão de sete cordas como Raphael Rabelo, Maurício Carrilho e Paulão Sete Cordas, Dino (1918-2006) foi professor de pelo menos duas gerações de músicos. Em seus dedos, as sete cordas do violão, criativas e libertárias, pareciam ter vontade própria. Também participou da formação do conjunto Época de Ouro.

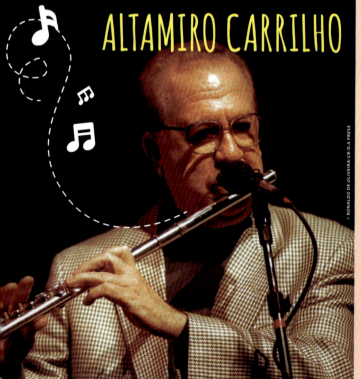

WALDIR AZEVEDO

Instrumentista e compositor, grande nome de uma geração de chorões, Waldir Azevedo (1923-1980) começou tocando flauta, pulou para o bandolim e mais tarde firmou-se no cavaquinho – ficando, então, conhecido como o grande mestre dos instrumentos. Deixou vários choros, sendo o mais famoso o brasileiríssimo "Brasileirinho".

CÉSAR FARIA

ADEMILDE FONSECA

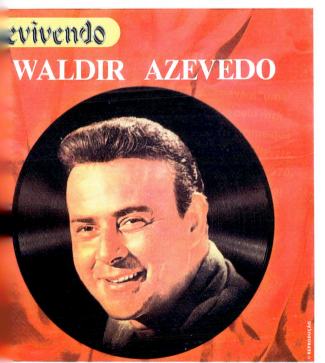

revivendo WALDIR AZEVEDO

UM QUE VAI ALÉM DAS CLASSIFICAÇÕES

Ele poderia estar na galeria do samba, e também na galeria do choro. Na verdade, ele está no lugar de destaque da galeria que engloba os dois gêneros. Alfredo da Rocha Viana (1897-1973), o **Pixinguinha**, além de compor nos dois gêneros (como o choro "Carinhoso" e o samba "Patrão prenda seu gado"), foi também maestro e arranjador, além de fundador do grupo Os Oito Batutas.

? Você sabia?

"Batuta" é aquele bastão fininho que os maestros usam para reger a orquestra; mas também quer dizer sujeito bamba, bacana, safo, malandro...

As muitas notas da música brasileira | Um chorinho brasileiro 33

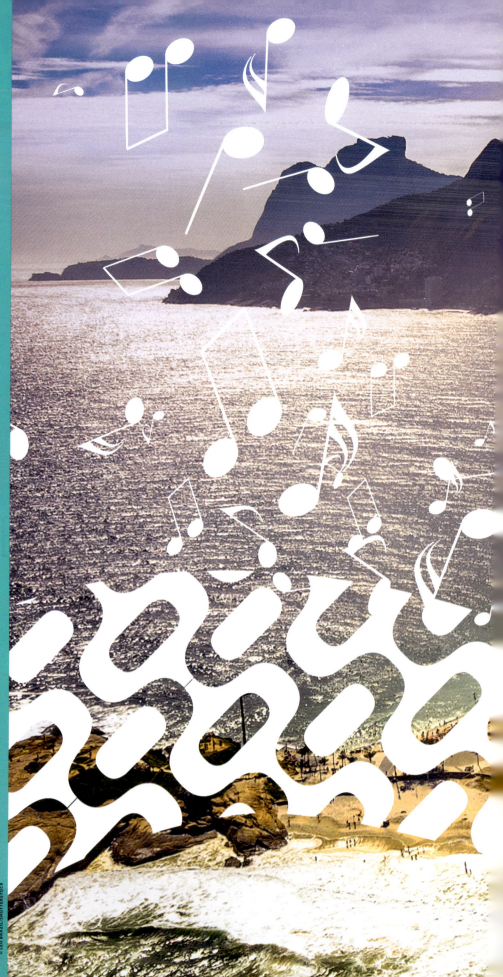

A bossa é nova e nossa

"Era a década de 1950, e a música estava vivendo uma fase de 'curtição do baixo-astral'. As músicas eram muito bonitas, mas muito pesadas. Era sofrimento demais para alguém que não tinha nem dezoito anos [...]. Então, resolvemos tentar criar uma coisa que tivesse mais a ver com tudo aquilo que a gente vivia: o mar, a praia, a beleza do Rio de Janeiro, os nossos sonhos e planos para uma vida que estava apenas começando."

(Roberto Menescal, em *Essa tal de bossa nova*. São Paulo: Prumo, 2012.)

Os músicos Bené Nunes, João Gilberto, Tom Jobim (Antônio Carlos Jobim), Ronaldo Bôscoli (camisa cinza) e Carlos Lira.

Garota do Brasil

Filha do samba brasileiro, para uns, ou do *jazz*, para outros, a bossa nova nasceu no final da década de 1950 e cresceu nos apartamentos de classe média do Rio de Janeiro – mas ganhou o mundo ainda na adolescência.

Capitaneado, num primeiro momento, por cantores e compositores do porte de Tom Jobim, Vinicius de Moraes, João Gilberto, Ronaldo Bôscoli e Roberto Menescal, o movimento musical que tinha o charme como traço melódico recebeu adesões de muitos artistas experientes – como Dick Farney, Lúcio Alves e Billy Blanco – e de jovens talentos da época – como Nara Leão, Carlos Lyra, Joyce e Sérgio Ricardo – para crescer com o prestígio de que até hoje desfruta.

Qual a música que melhor representa a bossa nova no Brasil e no mundo?

"Garota de Ipanema" (de Tom Jobim e Vinicius de Moraes), claro. Essa canção – com mais de 300 regravações e mais de cinco milhões de execuções – transformou a bossa do Brasil em uma garota universal.

36

O Tom de todos os tons

Podemos combinar, desde já, que assim como Noel Rosa é reconhecido como um dos maiores representantes da música brasileira na primeira metade do século 20, a segunda metade foi confiada à genialidade melódica de Tom Jobim. E mais: desde Villa-Lobos, nenhum artista brasileiro brilhou tanto nos céus do estrangeiro quanto o maestro soberano. Quem o chamou de "maestro soberano" foi Chico Buarque na canção "Paratodos", de 1993.

Muitos discos

Sozinho, acompanhado ou acompanhando, Tom participou de pelo menos uma centena de discos – desde os de 78 rotações (esses eu sei que vocês não conheceram!) ao CD. O último, "Antonio Brasileiro", foi lançado nos Estados Unidos pouco antes de sua morte, em 1994, com o brilho que o fez ser amado pela mais variada gama de curtidores da música brasileira.

TOM BRASILEIRO
Antonio Brasileiro é o nome verdadeiro de Tom Jobim. Aliás, Antonio Brasileiro de Almeida Jobim (1927-1994). Eita, nomão!

"O Tom era uma pessoa muito articulada e muito brilhante. Ele não precisava da música para brilhar! Tudo o que ele fazia eu achava genial, e por termos ficado amigos eu presenciei muita coisa importante na vida dele, ele me mostrou muita música que tinha acabado de fazer. Ele foi e continua sendo o meu grande mestre."
(Roberto Menescal, em *Essa tal de bossa nova*. São Paulo: Prumo, 2012.)

As muitas notas da música brasileira | A bossa é nova e nossa

Os finos da bossa

ELIS REGINA

Chamada de Pimentinha, a gaúcha Elis Regina (1945-
-1982) ficou conhecida no Brasil inteiro em 1965, quando venceu o Festival da Canção com "Arrastão", de Edu Lobo e Vinicius de Moraes. Gravou músicas de grandes compositores brasileiros e foi considerada a maior intérprete de sua geração.

o compositor TITO MAD

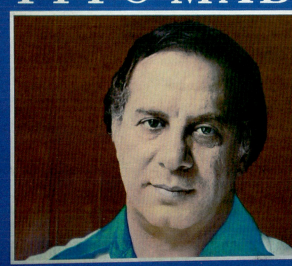

JOÃO DONATO

BADEN POWELL

Músico considerado excepcional, conhecido no mundo inteiro, Baden Powell (1937-2000) gravou mais de 70 discos e compôs com vários parceiros, entre eles Vinicius de Moraes (com quem criou os afrossambas) e Paulo César Pinheiro. Seu nome artístico é em homenagem ao britânico Robert Stephenson Smyth Baden-Powell, o fundador do escotismo, de quem seu pai era admirador.

38

...ntora de voz firme e vigorosa, desde sempre identificada ...m a bossa nova, Leny Andrade (1943-) é um dos grandes ...mes da geração "Beco das Garrafas", local no Rio de Janeiro ... que o movimento floresceu e se perpetuou. Cantou com ... grandes músicos e os maiores maestros (Tom Jobim entre ...s) e tem carreira respeitável no exterior.

CARLOS LYRA

CANÇÕES MARCANTES DA BOSSA NOVA

- "Samba de uma nota só" (Tom Jobim/ Newton Mendonça)
- "Lobo bobo" (Carlos Lyra/ Ronaldo Bôscoli)
- "Corcovado" (Tom Jobim)
- "Chega de saudade" (Tom Jobim/ Vinicius de Moraes)
- "Saudade fez um samba" (Carlos Lyra/ Ronaldo Bôscoli)
- "Samba do avião" (Tom Jobim)
- "Bim bom" (João Gilberto)
- "Garota de Ipanema" (Tom Jobim/ Vinicius de Moraes)

A NOITE DA BOSSA

Uma data marcante para nossos artistas e também para a música brasileira: 21 de novembro de 1962. Na noite desse dia aconteceu em Nova York, na casa de espetáculos Carnegie Hall, o que ficou conhecido como "A noite da bossa nova": o mais importante *show* internacional que reuniu artistas brasileiros como, entre outros, Tom Jobim, João Gilberto, Luiz Bonfá, Carlos Lyra, Roberto Menescal e Agostinho dos Santos.

Baião–Brasil

Ritmo de origem nordestina, mas que conquistou definitivamente o Brasil quando a sanfona de Luiz Gonzaga conheceu a poesia de Humberto Teixeira, o baião é o pai de muitos outros ritmos brasileiros e de algumas derivações como o xote e o xaxado, além do coco, arrasta-pé, quadrilha, marcha etc.

A história do baião, surgido na espontaneidade dos arrasta-pés dançantes em festas do Nordeste, especialmente nas noites juninas, começa com a popularização de instrumentos musicais como a sanfona, a zabumba e o triângulo.

> Xote e xaxado são ritmos musicais, mas também estilos de dança. Tal como o forró, que virou ritmo para o qual convergiram muitas bandas ou grupos musicais. Nas festas juninas, especialmente no Nordeste, há um forró acontecendo em cada residência.

As muitas notas da música brasileira | Baião-Brasil

Ritmo que caiu no gosto popular

Quando Luiz Gonzaga deixa o seu Pernambuco para conquistar toda a região e em seguida o Rio de Janeiro, o baião vai com ele. E conquista os programas de rádio, os estúdios de gravação e o gosto popular. Artistas como Jackson do Pandeiro, Dominguinhos, Alceu Valença, Xangai, Elba Ramalho e Geraldo Azevedo construíram suas carreiras à sombra dessa influência.

Além de influenciar outros ritmos e muitos artistas populares, o baião e a cultura nordestina muitas vezes andam juntos. Veja.

Jurandi Assis, "Baião", óleo sobre tela, 44 cm × 31 cm, 1990. www.jurandiassis.com.br

Roupas de couro, indumentárias típicas de vaqueiros (com seus chapéus e gibões).

O artista plástico Jurandi Assis também homenageou o baião em suas obras.

42

Ave, Seu Luiz

Luiz Gonzaga era um artista mambembe, que corria o Brasil inteiro, ano a ano, fazendo *shows* das grandes capitais aos municípios distantes e minúsculos. Autor de inúmeros hinos da nossa música ("Asa branca" é o mais cantado), Gonzagão partiu para cantar nas alturas no dia 2 de agosto de 1989. Ave, Seu Luiz.

Com certeza todo mundo já ouviu pelo menos um trechinho de "Asa branca", o que diz assim:

"Quando olhei a terra ardendo
Qual fogueira de São João
Eu perguntei a Deus do Céu, ai
Por que tamanha judiação."

LITERATURA DE CORDEL
Especialmente a de criadores também ligados à música, como Patativa do Assaré (abaixo) e Azulão.

PRATOS TÍPICOS DA CULINÁRIA DO NORDESTE
Feijão-de-corda, carne de sol, baião de dois.

Baião de dois

Carne de sol com aipim.

Outros nomes importantes para

HUMBERTO TEIXEIRA

JACKSON DO PANDEIRO

Esse era o nome artístico de José Gomes Filho (1919-1982), paraibano de Campina Grande que, por intermédio das emissoras de rádio, ganhou o Nordeste, depois o Sudeste e o Brasil inteiro. Tinha força enorme para tocar e cantar e foi um dos reis dos ritmos nordestinos, tendo se dedicado a gravar praticamente todos, como o forró, o xote e o xaxado.

José Domingos de Moraes, o Dominguinhos, (1941-2013) foi o mais fiel seguidor de Luiz Gonzaga. Acompanhou-o em *shows* e gravações em inúmeras ocasiões. Compositor sensível e músico exuberante, tido como o maior dos sanfoneiros, teve uma linda carreira na música nordestina e brasileira.

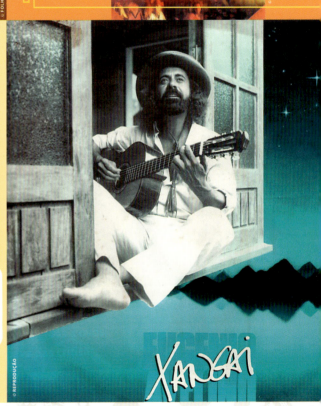

baião e para a música brasileira

ALCEU VALENÇA

Pernambucano de São Bento do Una, cantor, compositor, violonista, sanfoneiro e até cineasta, Alceu Valença é um lutador em defesa dos ritmos nordestinos, especialmente do baião. Criador de algumas das mais conhecidas e gravadas músicas da MPB, jamais abriu mão das influências, dos temas, dos ritmos ou das sonoridades do Nordeste.

GERALDO AZEVEDO

CANÇÕES MARCANTES DO BAIÃO

- "A volta da Asa Branca" (Luiz Gonzaga/ Zé Dantas)
- "O xote das meninas" (Luiz Gonzaga/ Zé Dantas)
- "O vovô do baião" (João Silva/ Severino Ramos)
- "Vozes da seca" (Luiz Gonzaga/ Zé Dantas)
- "A triste partida" (Patativa do Assaré)
- "Estrada do Canindé" (Luiz Gonzaga/ Humberto Teixeira)
- "Amanhã eu vou" (Beduíno)

É dia de rock!

Dignificado nas décadas de 1950 a 1970 pelo som suave e poético de músicos ingleses como a banda The Beatles, depois difundido pelos festivais ao som das guitarras de mestres do instrumento, como Jimi Hendrix, ou deusas da voz, como Janis Joplin, o *rock* ganhou espaço no Brasil pela influência desses grandes músicos.

Especialmente nos Estados Unidos, onde o grande nome do gênero nesse país, Elvis Presley, arrebatava multidões, o movimento artístico que unia a rebeldia à transgressão era a cara da juventude. O disco histórico de Elvis, *Heartbreaker Hotel*, lançado em 1956, bem como o estouro que o precedeu, *Shake, Rattle and Roll*, de Bill Haley, mostraram ao mundo o que o esperava.

ÍCONES DO *ROCK*

Os garotos de Liverpool (John Lennon, Paul McCartney, George Harrison e Ringo Starr), como ficaram conhecidos, encantaram a Inglaterra e depois o mundo, em 1960, e formaram o conjunto de *rock* sonoro e romântico mais amado no mundo inteiro.

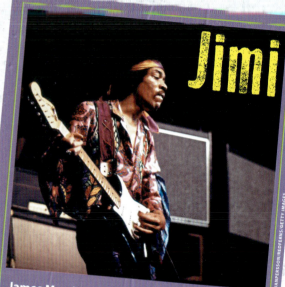

James Marshall "Jimi" Hendrix (EUA, 1942-1970) foi um dos maiores guitarristas da história do *rock*. Influenciou bandas e artistas pelo mundo inteiro, apesar de ter morrido tão jovem.

Janis Lyn Joplin (EUA, 1943-1970) também viveu pouco e deixou uma herança fabulosa na história do *rock*. Cantora e compositora, foi considerada a rainha do gênero, ícone da juventude e estrela maior do Festival de Woodstock.

Os primeiros músicos, as primeiras versões

O *rock* mundial começa a falar português por meio de versões de canções americanas ou inglesas, especialmente do repertório dos *Beatles*. Músicos, compositores e conjuntos que em seguida vieram a brilhar também no movimento Jovem Guarda, como Rossini Pinto, Renato e seus *Blue Caps* e Os Incríveis, trouxeram para a nossa língua versões históricas como "Eu quero ver você viver sem mim" (do original *"Show me, Girl"*), gravada por Paulo Sérgio. Eis um trechinho: "Eu vou embora porque você quis assim. Mas eu quero ver/ Eu quero ver você viver sem mim".

Rossini Pinto

Produtor, cantor, compositor e jornalista, Rossini Pinto (1937-1985) criou canções que marcaram os anos dourados do *rock* e da Jovem Guarda, e foram gravadas por ele e por grandes nomes da época, como Roberto Carlos e Jerry Adriani.

Os Incríveis

Segundo eles mesmos, formavam "uma banda de *rock pop*". O apreço pelo *rock* inglês e pelas versões estava no nome que adotaram, que inicialmente era *The Clevers*. Fizeram muito sucesso nos anos 1960/1970, especialmente com uma canção (versão) que dizia: "Era um garoto que, como eu, amava os Beatles e os Rolling Stones".

Renato e seus Blue Caps

Foi um conjunto instrumental e vocal ícone das grandes versões. Gravou sucessos como "Menina linda", que é uma versão do grupo para *I Should Have Known Better*, de Lennon e McCartney. Confira no *link* <https://www.youtube.com/watch?v=KswCEbocHyw>. Acesso em: 10 ago. 2015.

Outros nomes

Anos 1970

Com sua vitalidade e explosão de energia, nos anos 1970 o *rock* brasileiro conquistou fãs, misturando-se a outros gêneros musicais e ganhando a simpatia criativa de artistas e bandas como Os Mutantes (já na estrada desde o final dos anos 1960), Raul Seixas, Erasmo Carlos, Secos e Molhados, Novos Baianos e outros.

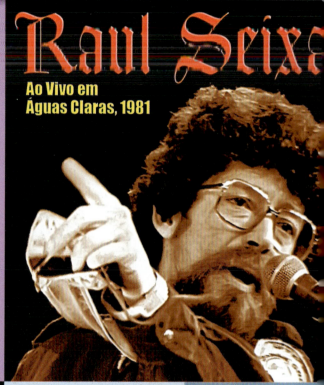

Anos 1980

Na década de 1980 surgiram grupos e bandas como Barão Vermelho (Cazuza à frente, um grande nome de sua geração), **Paralamas do Sucesso**, **Titãs**, **Legião Urbana**, **Lulu Santos**, **Ultraje a Rigor**, **Capital Inicial**, **Engenheiros do Hawaii** e **Kid Abelha**.

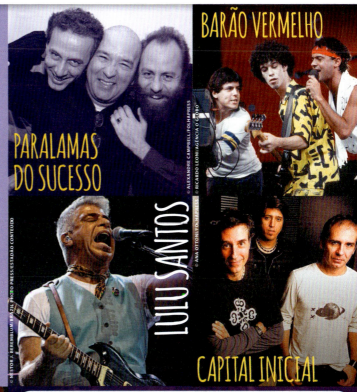

As muitas notas da música brasileira | É dia de rock!

Outros nomes

Anos 1990

Novas bandas e grupos modernos se seguiram. Despontam nesse período artistas e grupos muito bem-sucedidos, como Skank, Pato Fu, Jota Quest, Raimundos, O Rappa, Charlie Brown Jr., Cássia Eller, Planet Hemp, entre outros.

Anos 2000

Na primeira década do século 21 surgem grupos importantes como Detonautas Roque Clube, CPM22, NX Zero e a cantora e compositora baiana Pitty. Também dominam a década nomes e grupos remanescentes de fases anteriores, como Capital Inicial, Frejat, Cássia Eller, Titãs, Planet Hemp, Pato Fu, entre outros.

UMA BOA CAUSA

Uma curiosidade, para os amantes, ou não, desse movimento musical: em 13 de julho de 1985 foi realizado, simultaneamente nos Estados Unidos e na Inglaterra, um enorme festival de *rock*, o Live Aid, no qual roqueiros famosos do mundo inteiro (The Who, Led Zeppelin, Black Sabbath, Dire Straits, U2 e David Bowie, entre outros) se juntaram para levantar fundos em prol do combate à fome na Etiópia.

VIVA CAZUZA!

O cantor e compositor Cazuza (Agenor de Oliveira), reconhecidamente um grande nome entre os roqueiros dos anos 1980, morreu vítima da aids, depois de muito lutar contra a doença. A mãe do artista, Lucinha Araújo, criou e dirige a organização não governamental Viva Cazuza, que trabalha no apoio a vítimas da doença, especialmente crianças.

O nome verdadeiro de Cazuza é uma homenagem ao compositor Cartola, de quem o pai do roqueiro, o produtor João Araújo, era fã. Quer dizer, uma quase homenagem: é que Cartola chamava-se Angenor. Mas o responsável pelo registro de Cazuza esqueceu o "n".

É uma brasa, mora!

"Essa garota é papo firme, moral
É papo firme
Se alguém diz que ela está errada
Ela da bronca, fica zangada
Manda tudo pro inferno
E diz que hoje isso é moderno
Ela adora uma praia
E só anda de minissaia
Está por dentro de tudo
Só namora se o cara é cabeludo"

("É papo firme", de Roberto Carlos.)

A turma da Jovem Guarda

O movimento musical que ficou conhecido como Jovem Guarda estourou na música brasileira entre as décadas de 1960 e 1970. Essa sonoridade, soltinha e bem marcada pelas guitarras elétricas e baterias, influenciou muitos jovens, novos artistas e grupos musicais.

Não ficou apenas na música a influência da Jovem Guarda nos jovens brasileiros. Atingiu costumes, usos, linguagem, roupas, modismos e comportamentos.

O "REI"

Detentor do apelido de "Rei", dado pelos inúmeros fãs, o cantor e compositor Roberto Carlos nasceu em 1941, em Cachoeiro do Itapemirim (ES).

Em 1957 começou a carreira apresentando-se em bailes e programas de TV com o conjunto The Sputniks. Em 1958 formou, com Erasmo Carlos, Edson Trindade e Arlênio Gomes, o conjunto The Snakes. A carreira solo foi iniciada no mesmo ano, como *crooner* da boate do Hotel Plaza, no Rio de Janeiro, cantando samba-canção e bossa nova. É tido como um dos artistas mais populares do mundo.

Surgiu na TV

Segundo o historiador Rainer Souza, "Um dos fatores que possibilitaram a ascensão desses novos grupos e cantores na TV foi o espaço deixado pelos clubes de futebol, que haviam proibido a transmissão televisiva de suas partidas". Os músicos aproveitaram, fizeram a festa, e o movimento estourou de norte a sul do país.

Em 1968 Roberto Carlos, "O Brasa", como também era chamado, abandonou o programa de televisão para cuidar e fazer deslanchar sua bem-sucedida carreira artística. Sem seu principal ídolo, a TV Record retirou o programa do ar. O movimento, então, esfriou.

Roberto Carlos em 2014.

Você sabia?

O cantor e compositor Tim Maia (Sebastião Rodrigues Maia, 1942-1998), que tanto sucesso fez na MPB dos anos 1970, 1980 e 1990, começou a carreira musical juntamente com o pessoal da Jovem Guarda. Ao lado de Roberto e Erasmo, ele fundou nos anos 1960 o seu primeiro grupo, The Sputniks.

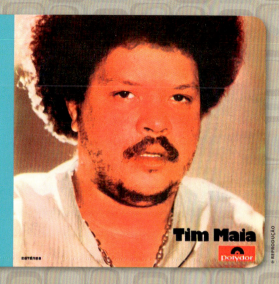

DE LÊNIN AO IÊ-IÊ-IÊ

Afirma-se que o nome Jovem Guarda foi tirado de um discurso do líder revolucionário russo Vladimir Lênin, que teria dito: "O futuro pertence à jovem guarda, porque a velha está ultrapassada!".

As muitas notas da música brasileira | É uma brasa, mora!

Outros nomes importantes par:

RAUL SEIXAS

Com o esfriamento do movimento Jovem Guarda, o cantor e compositor Raul Seixas (1945-1989), até então Raulzito, juntou-se a parceiros como o hoje escritor Paulo Coelho e criou uma obra de fôlego e de muita inspiração, de onde saíram canções como "Ouro de tolo", "Ghita" e "Metamorfose ambulante".

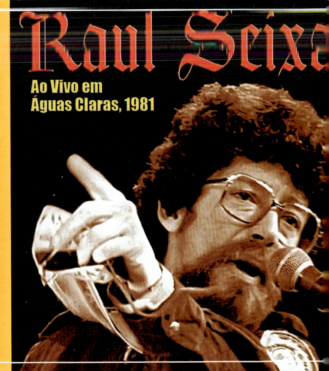

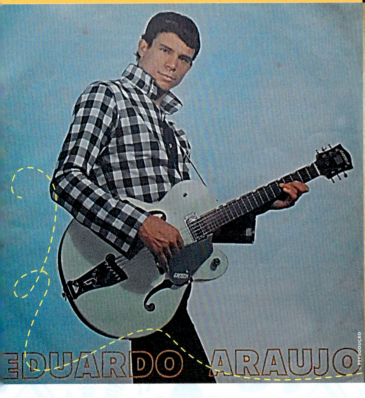

Jovem Guarda

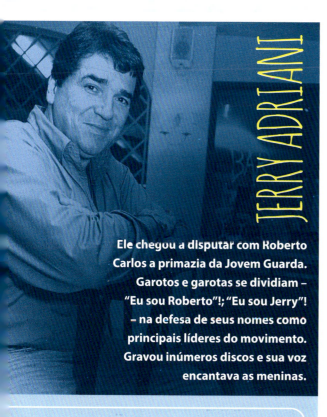

JERRY ADRIANI

Ele chegou a disputar com Roberto Carlos a primazia da Jovem Guarda. Garotos e garotas se dividiam – "Eu sou Roberto"!; "Eu sou Jerry"! – na defesa de seus nomes como principais líderes do movimento. Gravou inúmeros discos e sua voz encantava as meninas.

CANÇÕES MARCANTES DA JOVEM GUARDA

- "Eu sou terrível" (Roberto Carlos)
- "Banho de lua" (Celly Campelo)
- "O bom" (Eduardo Araújo)
- "Filme triste" (Trio Esperança)
- "A última canção" (Paulo Sérgio)
- "A praça" (Ronnie Von)
- "Coração de papel" (Sérgio Reis)
- "Gatinha manhosa" (Erasmo Carlos)
- "Prova de fogo" (Wanderléa)
- "Vem quente que estou fervendo" (Erasmo Carlos)
- "A festa do Bolinha" (Trio Esperança)
- "O calhambeque" (Roberto Carlos)
- "Era um garoto que como eu amava os Beatles e os Rolling Stones" (Os Incríveis)

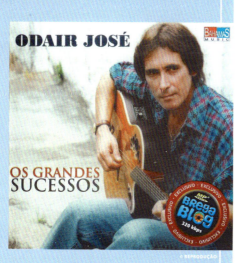

i chamado de
a, de chique,
trapassado,
lt, de cantor
npositor
r. Também
endeusado,
genial e
vivente.
José é um
randes
s da Jovem
da e criador
las canções.

As muitas notas da música brasileira | É uma brasa, mora! 59

Os grandes festivais e as canções vencedoras

Os festivais da canção estimularam artistas e público e fizeram surgir levas de novos compositores e intérpretes, além de canções que são lembradas, cantadas e regravadas hoje e sempre.

Nos anos 1960, e pelo menos nas duas décadas seguintes, o Brasil viveu uma ditadura militar instalada em 1964. Ótimos compositores surgiram, então, dos movimentos de protesto (a canção de protesto começou a florescer no início dessa década), dos ambientes universitários e dos grupos que sonhavam com a contrarrevolução pela arte.

Os festivais, na verdade, fazem uma ponte entre nossos gêneros musicais agregando a bossa nova, o samba, a canção romântica: deles participaram artistas que vinham da Jovem Guarda, como Roberto Carlos, futuros ícones da canção de protesto (Chico Buarque) e músicos de reconhecimento internacional, como Tom Jobim.

No Festival da Música Popular Brasileira de 1967, o compositor Sérgio Ricardo, contrariado com as vaias recebidas enquanto se apresentava, quebrou seu violão e o arremessou na plateia. Naqueles dias de ditadura, as manifestações do público durante os festivais eram regadas a ovos, vaias, aplausos. Ninguém escapava das críticas.

ALGUMAS CANÇÕES DOS FESTIVAIS DA CANÇÃO

1965
"ARRASTÃO"
de Edu Lobo e Vinicius de Moraes.
Intérprete: Elis Regina.

1966
"SAVEIROS"
de Dori Caymmi e Nelson Motta.
Intérprete: Nana Caymmi.

1967
"PONTEIO"
de Edu Lobo e Capinam.
Intérpretes: Edu Lobo, Marília Medalha, Momentoquatro e Quarteto Novo.

1967
"DOMINGO NO PARQUE"
de Gilberto Gil.
Intérpretes: Gilberto Gil e Os Mutantes.

1967
"MARGARIDA"
de Guttemberg Guarabira.
Intérpretes: Guttemberg Guarabira e Grupo Manifesto.

1968
"SABIÁ"
de Tom Jobim e Chico Buarque.
Intérpretes: Cynara e Cybele.

1969
"SINAL FECHADO"
de Paulinho da Viola.
Intérprete: Paulinho da Viola.

1970
"BR-3"
de Antonio Adolfo e Tibério Gaspar.
Intérpretes: Tony Tornado e Trio Ternura.

1971
"KYRIE"
de Paulinho Soares e Marcelo Silva.
Intérprete: Trio Ternura.

1972
"FIO MARAVILHA"
de Jorge Ben.
Intérprete: Maria Alcina.

O Tropicalismo

"Eu não sentia tanta atração pela ideia de Tropicalismo, porque botar esse nome parecia que a gente queria fazer um negócio dos trópicos, no Brasil e do Brasil. Não queria que fosse esse o centro da caracterização do movimento!"

(Caetano Veloso, cantor e compositor, um dos nomes mais conhecidos da Tropicália.)

O movimento musical que ficou conhecido como Tropicalismo (ou Tropicália) – e os seus representantes, os "tropicalistas" – foi além de uma manifestação puramente musical, ganhou *status* de cultural e político (revolucionário) e influenciou muitos criadores durante sua permanência no mercado fonográfico, na programação de *shows* e na mídia.

Os principais líderes do movimento, como os cantores e compositores **Caetano Veloso** e **Gilberto Gil**, eram tidos como "antenas", lideranças avançadas que, além de entreter com sua arte, também apontavam caminhos para as novas gerações. Além disso, o Tropicalismo atingiu outras esferas culturais (artes plásticas, cinema, poesia). O marco inicial foi o Festival de Música Popular realizado em 1967 pela TV Record, quando Gil defendeu "Domingo no parque", junto com Os Mutantes, e Caetano apresentou "Alegria, alegria".

63

UM ARTISTA PLÁSTICO TROPICALISTA:
ROGÉRIO DUARTE

Principais obras: capas de discos antológicos de Caetano Veloso, Gilberto Gil, Gal Costa e João Gilberto.

UM CINEASTA TROPICALISTA:
ROGÉRIO SGANZERLA

Principal filme:
O bandido da luz vermelha.

UM POETA TROPICALISTA:
HAROLDO DE CAMPOS

Criou diversos poemas concretos, presentes em inúmeras antologias. Dentre seus poemas mais famosos estão *De sol a sol*, *Nascemorre* e *Cristal*.

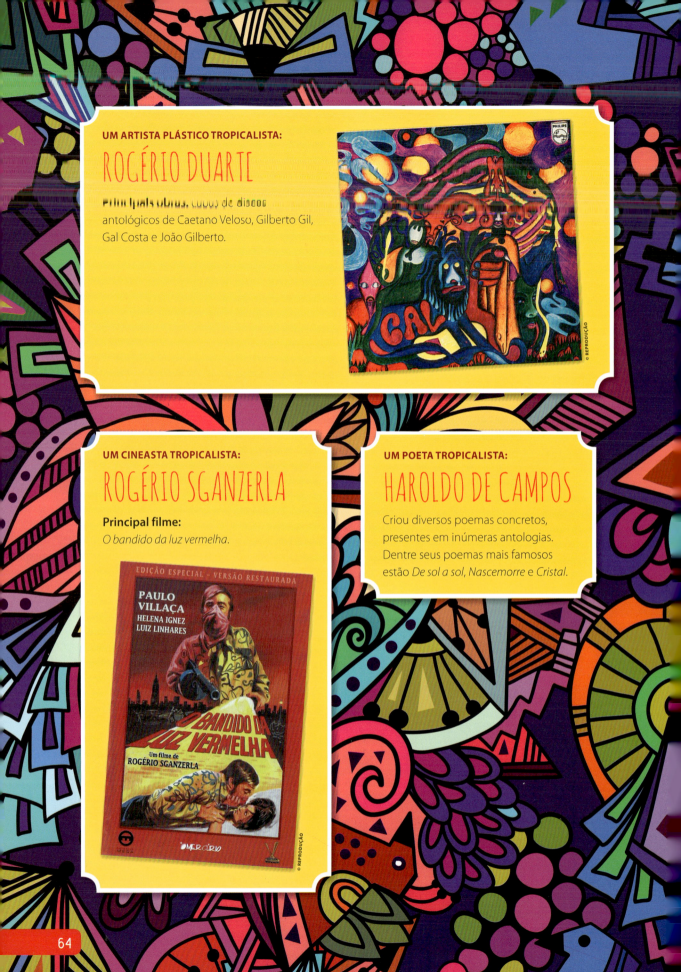

Promessa de modernidade

O movimento tropicalista se destacou e ganhou seu espaço, especialmente na mídia, por conta da promessa de inovação trazida por seus principais artistas. Da presença dos músicos nos palcos, com suas roupas soltas e coloridas, ao ecletismo das letras (bom lembrar a quantidade de poetas de qualidade que aderiram ao movimento, como Torquato Neto, José Carlos Capinam e Tom Zé), a Tropicália fez da mistura de vários gêneros musicais um ponto forte e marcante. Do deboche às críticas sociais, valia tudo na criação de canções fortes e extremamente ousadas para o seu tempo.

"Alegria, alegria", de Caetano Veloso, ficou em 4º lugar no Festival da Canção de 1967. A princípio rejeitada pela crítica, tornou-se, depois, uma das músicas mais conhecidas de todos os tempos:

"O sol nas bancas de revista
Me enche de alegria e preguiça
Quem lê tanta notícia?"

Fatia revolucionária

Alguns artistas do movimento tropicalista fizeram de suas canções e criações um instrumento de protesto. Algumas letras foram, verdadeiramente, provocações de alto valor criativo contra o regime militar no qual o país vivia e com o qual a maioria dos artistas, definitivamente, não concordava. Leia trechos de duas delas:

"No avesso do espelho
Mas desaparecida
Ela aparece na fotografia
Do outro lado da vida.

Despedaçados, atropelados
Cachorros mortos nas ruas
Policiais vigiando
O sol batendo nas frutas
Sangrando."

(**"Lindoneia"**, de Caetano Veloso)

A música de protesto

AÍ VEIO A CENSURA

No ano de 1964, um golpe militar derrubou o presidente civil João Goulart e instalou uma ditadura que perdurou por, pelo menos, 21 anos (até 1985, com a eleição de outro presidente civil, Tancredo Neves). Nesse período, que ficou conhecido como "anos de chumbo", a política nacional foi sufocada e as artes – especialmente a música – foram submetidas a censura prévia. As letras tinham de receber "autorização" para que as canções pudessem ser gravadas. Alguns compositores como Chico Buarque, Geraldo Vandré, Sidney Miller e outros passaram por esse processo. Muitas canções foram proibidas.

"Vai passar" e passou mesmo

A linha de canções que entre nós passou a ser conhecida como "música de protesto" – já que em termos de gênero musical o protesto dos compositores em suas letras poderia estar em estilos diversos – surgiu no Brasil no início dos anos 1960. Artistas de várias correntes aderiram a esse caminho, que fez florescer, além dos citados Chico, Sidney e Vandré, outros nomes como Edu Lobo, Carlos Lyra, João do Vale, Fernando Brant, Aldir Blanc e Luiz Gonzaga Júnior.

A música, além de ter o poder de transformar corações e mentes, também é potente quando se trata de transformações políticas e sociais. A voz do povo, externada por meio de canções que falam de seus medos e desejos, revela-se um poderoso instrumento de mobilização social. Não à toa, a música, com sua extraordinária capacidade de comover e de despertar atenção, contou e cantou, nos últimos anos, boa parte da história humana e social do Brasil.

ALGUMAS CANÇÕES EMBLEMÁTICAS DESSE MOVIMENTO, E OS RESPECTIVOS AUTORES:

- "Para não dizer que não falei de flores", de Geraldo Vandré
- "Vai passar", de Chico Buarque
- "Carcará", de João do Vale
- "Pois é, pra quê?", de Sidney Miller
- "Louvação", de Gilberto Gil e Capinam
- "O bêbado e a equilibrista", de João Bosco e Aldir Blanc
- "O mestre-sala dos mares", de João Bosco e Aldir Blanc
- "Nas asas da Panair", de Milton Nascimento e Fernando Brant
- "Aquele abraço", de Gilberto Gil

Outros nomes importantes d[...]

OS MUTANTES

Formado por **Rita Lee** (vocais), **Arnaldo Baptista** (baixo e teclado) e **Sérgio Dias** (guitarra, baixo e vocais), o grupo Os Mutantes foi fundamental para a modernidade, presente nos arranjos e na sonoridade de gravações dos tropicalistas. Os exemplos são múltiplos, mas em "*Panis et circensis*", de Caetano Veloso, o grupo se superou.

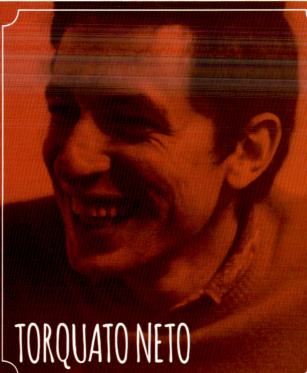

TORQUATO NETO

GAL COSTA

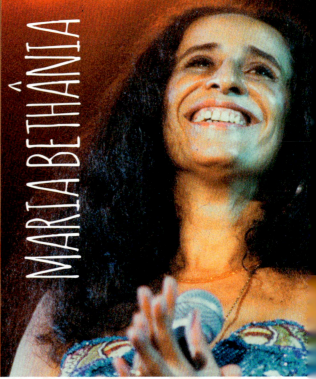

MARIA BETHÂNIA

Tropicalismo

Canções como "Domingo no parque" (de Gilberto Gil) e "Alegria, alegria" (de Caetano Veloso) não teriam causado o impacto que causaram nos festivais dos quais participaram ou nos estúdios de gravação sem a roupagem tropical, inusitada e moderníssima do grande maestro Rogério Duprat (1932-2006).

ROGÉRIO DUPRAT

CAPINAM

Canções tropicalistas guardaram, entre si, a riqueza das letras. Juntamente com os dois mais talentosos cabeças do movimento, Caetano e Gil, um trio de poetas brilhantes ajudou na construção da obra. Era formado por Torquato Neto, Tom Zé e Capinam – talvez o mais inspirado de todos.

CANÇÕES SÍMBOLOS DE UMA ÉPOCA TROPICALISTA

- "Tropicália" (Caetano Veloso, 1968)
- "Domingo no parque" (Gilberto Gil, 1968)
- "Alegria, alegria" (Caetano Veloso, 1968)
- "*Panis et circenses*" (Gilberto Gil/Caetano Veloso, 1968)
- "Atrás do trio elétrico" (Caetano Veloso, 1969)
- "Cadê Teresa" (Jorge Ben, 1969)
- "Aquele abraço" (Gilberto Gil, 1969)
- "Geleia geral" (Gilberto Gil/Torquato Neto, 1970)

ALGUNS DISCOS EMBLEMÁTICOS LANÇADOS NO PERÍODO

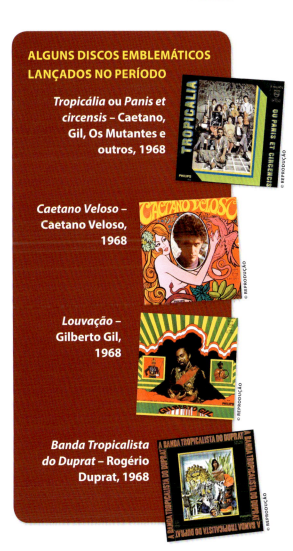

Tropicália ou *Panis et circensis* – Caetano, Gil, Os Mutantes e outros, 1968

Caetano Veloso – Caetano Veloso, 1968

Louvação – Gilberto Gil, 1968

Banda Tropicalista do Duprat – Rogério Duprat, 1968

As muitas notas da música brasileira | O tropicalismo

Funk, rap ou hip-hop?

Os músicos paulistanos Criolo e Emicida são considerados hoje grandes estrelas do *rap* (e também do *hip-hop*).

Nascido, criado e espalhado nos Estados Unidos, por lá conhecido como *hip-hop* (espécie de texto com rimas, falado em ritmo marcado por instrumentos musicais), esse movimento musical chegou ao Brasil nos anos 1980 e foi rebatizado como *funk*. Esse som se espalhou por bailes concorridíssimos (com maior importância nas periferias das grandes cidades) em que predomina um público cada vez mais jovem, e sua influência pode ser sentida na linguagem, no comportamento, na maneira de falar e de se vestir de muitos jovens brasileiros.

Tão ligados?!

Levando em conta a formação cultural, social ou política de seus principais criadores, bem como as características da época em que se firmou no mercado, o *funk* também pode ser considerado um movimento musical de protesto. A partir dos anos 1990, o *funk* se disseminou, quando os bailes do gênero – a princípio nas comunidades do Rio de Janeiro e nas periferias de São Paulo – começaram a acontecer com intensidade.

O *rap* (sigla da expressão em inglês *Rythm And Poetry*, ritmo e poesia) valoriza mais os versos e se caracteriza quase como uma música falada. Também é filho legítimo do *hip-hop*.

Em movimento, algumas estrelas dos movimentos

A marca, a força e o traço nas paredes

Nos anos 1970, em Nova York, jovens começaram a deixar suas marcas – a princípio toscas e apenas esboçadas – nos muros das paredes da cidade. O movimento foi ganhando adeptos, tornando-se mais rico em temas, cores, velocidade e genialidade. Conquistou e contaminou artistas, ganhou os EUA e em seguida o mundo.

Esses moderníssimos traços do grafite (a técnica de pintar muros, com desenhos cada vez mais criativos), e o desenvolvimento a cada dia mais amplo dos DJ's e MC's nos bailes *break*, são marcas do movimento *hip-hop* – além, é claro, do visual e da linguagem de seus participantes, bem particular, recheada de tons, entonações e gírias muito próprios.

Em busca da felicidade

"Eu só quero é ser feliz,
Andar tranquilamente na favela onde eu nasci, é.
E poder me orgulhar,
E ter a consciência que o pobre tem seu lugar."

É o que diz, em um trecho, o *rap* "Eu só quero é ser feliz" (ou "Rap da felicidade"), da dupla Cidinho e Doca, compositores cariocas.

As muitas notas da música brasileira | *Funk, rap* ou *hip-hop*?

Entre músicos especiais e instrumentos imprescindíveis

Tudo o que você aprendeu até agora sobre a história da nossa música só foi possível porque há compositores e intérpretes especiais e instrumentos musicais certos para cada momento.

Para nos despedirmos deste mundo de cores e sons, vamos homenagear três grandes nomes da música brasileira: Altamiro Carrilho, Nelson Cavaquinho e Dorival Caymmi.

Depois vamos conhecer alguns dos intrumentos musicais mais populares e mais utilizados nas festas e nos palcos. Você sabe tocar algum? Sempre é tempo para aprender.

Boa viagem!

Temos flauta, cavaquinho e violão

O título acima é homenagem a um samba de Geraldo Pereira ("Chegou a bonitona") que diz:

"Temos flauta, cavaquinho e violão
Temos pandeiro pra fazer a marcação
Temos espaço no terreiro pra sambar
E uma noite linda de luar..."

É homenagem, também, a três grandes nomes da música brasileira: o nosso maior flautista, Altamiro Carrilho; um compositor chamado Nelson Cavaquinho, mas que gostava era de tocar violão; e outro que soube unir poesia, voz e violão como ninguém – Dorival Caymmi.

Altamiro, artista de seu tempo em tempo integral

O maior flautista de todos os tempos, gênio absoluto do seu instrumento, teria completado 90 anos em 2014. Com os sopros que encantaram pelo menos duas gerações de admiradores e de músicos brasileiros (boa parte deles solando canções de sua própria autoria), Altamiro Carrilho reinou soberano nas melodias e nos arranjos.

Não era fácil brilhar tocando um instrumento ao qual se dedicaram nomes como Joaquim Callado e Pixinguinha. Ele brilhou e se superou. Mestre Altamiro gravou quase uma centena de discos, deixou (morreu em 2012) pelo menos duzentas obras autorais e esteve à altura de Pixinguinha como executor, mentor e divulgador do choro, no Brasil e no mundo inteiro.

Artista de seu tempo, em tempo integral, jamais parou de trabalhar. Estará para sempre na pequena galeria composta por aqueles músicos que a música jamais esquecerá.

© RONALDO DE OLIVEIRA/CB/D.A. PRESS

Nelson Cavaquinho, o pior soldado

"Fui o pior soldado da história da Polícia Militar do Rio de Janeiro!", disse ele, certa vez. E não estava exagerando. Nelson Cavaquinho começou a vida como cavalariano no Batalhão de Cavalaria da PM, onde ficou sete anos. Metade em cima do cavalo, metade na prisão.

"Era bom pegar cana. Se não fosse o xadrez do batalhão, eu não teria feito muito samba de sucesso. Às vezes ficava um mês confinado. Então aproveitava a tranquilidade para compor", dizia ele.

Nelson é um nome marcante na história da música brasileira. Ganhou o sobrenome Cavaquinho quando flertou com o instrumento, na juventude. Mas depois que descobriu o violão nunca mais quis saber de tocar outro instrumento. Compôs com liberdade infinita, misturando gêneros, temas e parceiros, e foi a mais perfeita tradução do que se pode chamar de um artista verdadeiramente popular: compunha e cantava onde quer que chegasse, na presença de quem estivesse, fosse o ambiente luxuoso ou miserável.

Nelson Antônio da Silva nasceu no Rio de Janeiro, em 1911. Ele atribuía ao pai o registro, feito com data de um ano antes (1910), para apressar sua entrada na Polícia Militar, onde "sentou praça" e recebeu as rédeas de um cavalo. Tinha de fazer a ronda montado, apesar de morrer de medo do animal. No meio do caminho desistia da ronda e deixa-

va o cavalo amarrado em uma cerca no pé do Buraco Quente, no morro da Mangueira. Ali varava as noites com os amigos e depois parceiros Cartola, Carlos Cachaça e Zé Com Fome. Voltava para o quartel dias depois, sem o cavalo – que geralmente se soltava e ficava vagando e pastando pelas ruas. Aí, tome xadrez. E aumentava a produção musical.

Pouco antes de morrer, em 1986, ele estimou sua produção em algo em torno de 800 músicas, cerca de 400 gravadas, umas 100 inéditas e pelo menos 300 vendidas, totalmente ou só a parceria. Apesar dos números de sua obra, deixou apenas uma minguada pensão do antigo INPS e uma casa da Cohab em Vila Esperança, lugarejo escondido no bairro carioca de Jardim América.

Foi um artista especial.

Caymmi e as flores em vida

Referência e ponto de equilíbrio na MPB, Dorival Caymmi foi reconhecido aqui e no exterior como um dos maiores compositores brasileiros de todos os tempos. Produziu sem trégua (mas sem exagero!) durante uns 70 anos, obra que se firmou pela qualidade, pois quantidade nunca foi seu objetivo.

Desde que desembarcou no Rio de Janeiro de um navio da Companhia de Navegação Costeira, em abril de 1938, o jovem que deixou a boa terra aos 24 anos de idade compôs verdadeiros hinos do nosso cancioneiro. Afinal, rodas de samba, dedilhadas de violão nas esquinas ou soluços de botequim que não incluem "Saudades da Bahia", "Maracangalha", "Dora" ou "Marina" não merecem consideração.

"Inventei a lagoa do Abaeté e a praia de Itapuã. Eram desertos antes das canções", disse uma vez o baiano.

"Sempre vivi no Rio. Via os pescadores baianos como turista, quando ia visitar meus pais nas férias." Um ano depois de chegar ao Rio, cidade que ele considerava a mais bonita do mundo, Dorival emplacou o seu primeiro sucesso, o samba dengoso "O que é que a baiana tem?", na voz da grande dama da canção e musa de todos os compositores da época, Carmem Miranda. "Carmem já era brejeira, mas eu abri um novo caminho para ela."

Millôr Fernandes, amigo de juventude, disse em depoimento que o compositor tinha certeza de que faria sucesso. Um dia, às voltas com a arte da primeira página da revista *O Cruzeiro*, Millôr ouviu de Caymmi a promessa: "Um dia você vai colocar o meu nome aí". Um ano depois de chegar, já mostrava ao público sua voz límpida, suave e poderosa, na gravação do primeiro disco, um compacto que apresentava de um lado "Rainha do mar" e, do outro, "Promessa de pescador". Daí em diante, foi construir sua obra sem pressa e com delicadeza de ourives, ao sabor precioso da criação. Levou nove anos para finalizar "João Valentão" e compôs "Maricotinha" em poucos segundos. Nunca foi de dar receitas, mas ousou uma, sobre sua saúde sempre invejável: "Vem da alegria".

O doce e alegre Dorival, que nasceu em 1914 e morreu em 2008, foi um mestre absoluto da canção, que mereceu e recebeu todas as flores em vida.

Alguns instrumentos musicais

Violão

Instrumento de madeira, com seis cordas simples (com exceção do violão de sete cordas), uma caixa de ressonância (chamada de bojo) em forma de número 8, com fundo chato, abertura circular no tampo, e braço longo, largo e reto.

Apelidos carinhosos: guitarra; pinho; viola.

Quem toca: violonista.

Alguns craques brasileiros: Dilermando Reis; Dino Sete Cordas; César Faria; Turíbio Santos; Raphael Rabello; Guinga, entre outros.

Flauta

Instrumento de sopro, fundamental na formação dos grupos de choro. A princípio, trata-se apenas de um tubo aberto e dotado de orifícios, por onde saem os sons provocados pelo sopro do flautista.

Para os flautistas, há as opções de tocar vários tipos, desde a flautinha de bambu até a flauta transversa, passando pela flauta doce, de que todo mundo gosta.

Quem toca: flautista.

Alguns craques brasileiros: Joaquim Callado; Paulo Moura e Altamiro Carrilho – este último considerado um dos maiores do mundo.

Cavaquinho

Espécie de viola pequena, jeitosa, que trabalha aninhada no peito do músico. De origem europeia, tem quatro cordas simples e dedilháveis.

Quem toca: cavaquinista.

Alguns craques brasileiros: Luciana Rabello; Henrique Cazes; Jair do Cavaco; Jonas e Pedro Amorim.

Tambor

Instrumento que garante o batuque e consiste em caixa cilíndrica, de madeira ou de metal, coberta de couro. O som é produzido pelas baquetas (ou macetas) – pequenas varetas de madeira. A sonoridade do tambor varia de acordo com as diferentes dimensões do instrumento.

Outros tipos: surdos e tantãs.

Cuíca

Instrumento fundamental para a percussão do samba, especialmente para os do Carnaval. Feito com um pequeno barril, com uma pele bem esticada presa em uma das extremidades. No centro dessa pele está uma pequena vara que, ao ser atritada com um pano úmido ou com a palma da mão molhada, faz vibrar o instrumento, produzindo uma espécie de "ronco".

Apelidos carinhosos: roncador; tambor-onça; porca; quica ou omelê (em sua origem africana).

Quem toca: cuiqueiro.

"Roncou, roncou,
Roncou de raiva a cuíca
Roncou de fome..."

**("O ronco da cuíca",
João Bosco e Aldir Blanc.)**

Tamborim

É um tambor pequeno, ou seja, um tamborino. A parte principal é cilíndrica, com pele nas duas extremidades, e é percutido com uma só baqueta ou com os dedos. A batidinha seca do tamborim é fundamental na percussão do samba e do choro.

Quem toca: tamborinista.

Vimos aqui alguns instrumentos básicos para tocar a música brasileira, usados na formação de regionais ou de conjuntos musicais que atuam em *shows* ou nos estúdios de gravação. Formações completas, como as orquestras, também contam com instrumentos como viola, violoncelo, baixo, violino, pistom, piano, trombone, fagote, clarim, agogô, harpa, prato, tuba, xilofone, trompete e saxofone, entre outros.

> Tocadores de tambores, de cuíca e de tamborim são conhecidos como percussionistas. Esses instrumentos se juntam – no palco ou nos estúdios de gravação – para formar a percussão ou "a cozinha" do instrumental.

Último acorde

Já foi dito que a humanidade não vive sem música; o brasileiro, então, nem se fala. Em todas as notas musicais – não só em dó, ré, mi, fá, sol, lá, si, como em todos os registros musicais existentes – a música brasileira é tocada, amada e respeitada como uma das mais belas, mais criativas e mais importantes do mundo. Compete a nós, brasileiros, apreciá-la e defendê-la.

Espero, amigos, que a leitura deste livro tenha ajudado, de alguma maneira, a melhor compreender o que o nosso cancioneiro tem a ver com o nosso jeito de ser.

Que a música brasileira continue a merecer, cada vez mais, o amor de todos aqueles que entram em contato com ela. Se, para isso, eu tiver contribuído um pouco com minhas dicas, palavras e palavrinhas, fico feliz da vida!

Para saber mais

Sites fundamentais
(Acesso em: 10 ago. 2015)

Cliquemusic
http://cliquemusic.uol.com.br

Cultura hip-hop
www.radio.uol.com.br/#/estilo/rap-hip-hop

Dicionário Cravo Albin da Música Popular Brasileira
www.dicionariompb.com.br

Revista Música Brasileira
www.revistamusicabrasileira.com.br

Rádio Batuta, do Instituto Moreira Salles
www.radiobatuta.com.br

Filmes e vídeos imprescindíveis

A luz do Tom. Direção: Nelson Pereira dos Santos. Brasil, Regina Filmes, 2012.

A música segundo Tom Jobim. Direção: Nelson Pereira dos Santos. Brasil, Regina Filmes, 2011.

Cartola – música para os olhos. Direção: Lírio Ferreira e Hilton Lacerda. Brasil, Globo Filmes, 2007.

Gonzaga: de pai pra filho. Direção: Breno Silveira. Brasil, Conspiração Filmes, 2011.

O mistério do samba. Direção: Lula Buarque de Hollanda e Carolina Jabor. Brasil, Conspiração Filmes, 2008.

O homem que engarrafava nuvens. Direção: Lírio Ferreira. Brasil, Good Ju-Ju, 2009.

Palavra (en)cantada. Direção: Helena Solberg, 2008.

Paulinho da Viola – meu tempo é hoje. Direção: Izabel Jaguaribe. Brasil, Videofilme, 2003.

Vinícius. Direção: Miguel Faria Jr. Espanha-Brasil, 2005.

Referências bibliográficas

Por que, ao final dos livros, há sempre uma referência bibliográfica ou bibliografia consultada ou apenas bibliografia? Será que a gente tem de prestar atenção nisso?

Sim, com certeza! Ainda mais em tempos de internet, em que parece que todo mundo sabe tudo sobre tudo e é fácil se perder num "mar de informações"!

A bibliografia é o conjunto de referências que o autor usou para compor seu livro. São as fontes – que, espera-se, sejam sempre fidedignas, confiáveis – que ele usou para assegurar o que escreveu em seu livro.

E elas são fundamentais para quem quer saber se pode confiar no que leu, para quem quer continuar sabendo mais sobre o assunto ou ainda para quem quer ensinar sobre ele.

Então, bom proveito desta aqui, que preparamos cuidadosamente para você!

ALBIN, Ricardo Cravo. *O livro de ouro da MPB* – a história da nossa música popular de sua origem até hoje. Rio de Janeiro: Ediouro, 2003.

BAHIANA, Ana Maria. *Nada será como antes* – MPB anos 70. Rio de Janeiro: Senac, 2006.

CABRAL, Sérgio. *No tempo de Almirante* – uma história do rádio e da MPB. Rio de Janeiro: Lumiar, 2005.

CALADO, Carlos. *Tropicália*. A história de uma revolução musical. 2. ed. São Paulo: Editora 34, 1997.

CASCUDO, Luís da Câmara. *Dicionário do folclore brasileiro*. São Paulo: Global, 2001.

DINIZ, André. *Almanaque do Carnaval:* a história do Carnaval carioca, o que ouvir, o que ler, onde curtir. Rio de Janeiro: Jorge Zahar, 2008.

DINIZ, Edinha. *Chiquinha Gonzaga* – uma história de vida. Rio de Janeiro: Zahar, 2009.

DREYFUS, Dominique. *Vida de viajante:* a saga de Luiz Gonzaga. São Paulo: Editora 34, 1996.

GARCIA, Walter. *Bim bom*: a contradição sem conflitos de João Gilberto. Rio de Janeiro: Paz e Terra, 1999.

HOMEM DE MELLO, Zuza. *A era dos festivais*. Uma parábola. 5. ed. São Paulo: Editora 34, 2010.

LISBOA JR, Luiz Américo. *81 temas da música popular brasileira*. Itabuna: Agora Gráfica Editora, 2000.

MARIZ, Vasco. *História da Música no Brasil*. Rio de Janeiro: Nova Fronteira, 2000.

MOTTA, Nelson. *Noites tropicais* – solos, improvisos e memórias musicais. Rio de Janeiro: Objetiva, 2000.

RANGEL, Lucio. *Samba, jazz & outras notas*. Rio de Janeiro: Agir, 2007.

TINHORÃO, José Ramos. *Pequena história da música popular:* da modinha ao tropicalismo. São Paulo: Art Editora, 1986.

Glossário

Azulão: José João dos Santos (Sapé da Paraíba, PB, 1932), poeta e repentista, um dos grandes nomes da literatura de cordel no Brasil.

Canto orfeônico: Canto a partir da estrutura musical clássica, batizado pelos gregos de "orfeônico" em homenagem a Orfeu, deus da mitologia grega que cultivava a música e a poesia.

Carnegie Hall: Casa de *shows* tradicional de Nova York, onde se apresentaram e se apresentam grandes artistas do mundo inteiro.

Ditadura: Regime de exceção, civil ou militar, no qual um ditador comanda todo o sistema político.

Lundu: Dança de origem africana que se espalhou pelo Brasil no início do século 20, misturando-se também como possível ritmo musical.

Maxixe: Ritmo musical que teria sido precursor do samba.

Minueto: Antiga dança francesa que chegou, também, aos salões do Brasil.

Musas: As deusas que presidiam as artes, "fontes de inspiração".

Patativa do Assaré: Antonio Gonçalves da Silva (1902-2002), cordelista e poeta, parceiro de Luiz Gonzaga na pungente toada "A triste partida".

Polca: Ritmo musical e dança alegre que ditou moda no começo do século 20 e encantou a compositora Chiquinha Gonzaga, que muito compôs nesse gênero.

Transmissão radiofônica: A utilização e difusão das ondas do rádio, fazendo o som chegar aos ouvintes. A primeira do mundo foi realizada em 1906, nos Estados Unidos.

Valsa: Dança de casal, de salão, em compasso de três por quatro.

78 rotações: O disco que se ouvia antes da invenção do LP (do inglês *long play*). Também de vinil, era menor e mais grosso.

Sobre o autor

Minha paixão pela música, especialmente pela música brasileira, vem de longe, de muito longe – afinal, nasci em 1953 (no sertão baiano, em Itiúba, depois vivi em Gavião e fui criado em Feira de Santana, também na Bahia).

Meu encantamento com a palavra, que me levou depois a virar escritor, começa pelo viés da música, de seus grandes compositores e intérpretes. Antes de conhecer Drummond, Bandeira, Lobato, Graciliano, Jorge Amado e outros amores artísticos, eu conheci Luiz Gonzaga, Noel Rosa, Jackson do Pandeiro, Assis Valente, Dorival Caymmi... Sou, portanto, fruto da palavra cantada, antes de ter sido apresentado à palavra escrita. Aí resolvi que também deveria ser um criador e vieram a poesia, a prosa, a ficção infantojuvenil. Assim fui construindo minha obra literária – que hoje se compõe de muitos títulos, em diversos gêneros.

Jamais me afastei da música, que também nunca se distanciou de mim. Em minha atividade como jornalista tratei muito do assunto, em diversos jornais e revistas, e também escrevi livros traçando perfis de grandes nomes da MPB – entre eles *Luiz Gonzaga* e *Ary Barroso*, para a coleção Mestres da Música no Brasil, da Editora Moderna.

Este livro, portanto, é mais uma declaração de amor que faço ao nosso cancioneiro e, especialmente, a vocês, jovens leitores. Tomara que eu seja correspondido.

Luís Pimentel